Himmelsbrot für jeden Tag

Horst Gädtke + Erika Wolffram
Himmelsbrot für jeden Tag
Was wir zum Leben brauchen

Sprüche und Gedichte

Selbstverlag, Hamburg, Januar 2003
Alle Rechte liegen beim Autor
Herstellung: Books on Demand GmbH, Norderstedt
ISBN 3-8311-4725-6

SOLI DEO GLORIA

Inhalt

Vorwort

Ursprüngliche Absicht der Autorin und des Autors, war es, ihre Kurzgedichte zum Lobe Gottes: „SOLI DEO GLORIA", die keinen Anspruch auf künstlerische Qualität erheben, in einem kleinen Büchlein der Allgemeinheit zugänglich zu machen. Da sie aber nicht die genügende Anzahl geeigneter Texte für ein mindestens fünfzigseitiges Buch in ihren Schubladen fanden, haben sie sich dazu entschlossen, ihr Buch mit aussagekräftigen Bibelsprüchen, vorwiegend aus dem Neuen Testament und bemerkenswerten Aussprüchen und Texten mehr oder minder bekannter, sowie auch unbekannter Autoren anzureichern.

Ein klassischer Autor aus China antwortete auf die Frage, warum sein Werk zu etwa 75% aus Zitaten bestünde: Ja, Sie müssen wissen, dass ich nicht belesen genug bin, denn wäre ich es, bestünde mein Werk zu 100% aus Zitaten.

Denn fast alles Sagenswerte ist schon einmal gesagt worden: „Es gibt nichts Neues unter der Sonne" (Prediger Salomo, 10. Jahrhundert vor Christus, 1,9).

„Es ist alles schon einmal dagewesen" (Rabbi Ben Akiba, ≈ 55 bis ≈ 135 nach Christus).

Selbst Jesu Botschaft lasse sich, nach Aussagen jüdischer Gelehrter, einschließlich des „Vaterunsers", der „zwei Hauptgebote", der „Goldenen Regel" sowie auch der „Feindesliebe" aus alten jüdischen Schriften von einem Kundigen zusammenstellen.

Jesus hat in seiner Botschaft an die Mitmenschen, den wahren Willen Gottes klar auf den Punkt gebracht und die Menschen eindringlich dazu aufgerufen, in seiner Nachfolge, in Liebe zu Gott zum Nächsten und zu sich selbst, das, was Gott von ihnen will, in ihrem Leben auch tätig umzusetzen.

Man bedenke dazu, was Klaus Schwarzwäller schreibt, dass man für ein Zitat, das man anführt, selber verantwortlich ist.

I. Bibelsprüche

1. Ich bin der Herr dein Gott ......Du sollst keine anderen Götter haben neben mir. Du sollst dir kein Bildnis noch irgendein Gleichnis machen (2.Mo 20,2-4).

2. (Gott), der allein Unsterblichkeit hat (1.Tim 6,16).

3. Denn in ihm (Gott) leben, weben und sind wir (Apg 17,28).

4. Noch ehe ein Wort mir auf die Zunge kommt, hast du Herr es schon gehört (Ps 139,4).

5. Der Herr ist der Geist; wo aber der Geist des Herrn ist, da ist Freiheit (2.Kor 3,17).

6. Gott ist Geist und die ihn anbeten, die müssen ihn im Geist und in der Wahrheit anbeten (Joh 4,24).

7. Der Buchstabe tötet, aber der Geist macht lebendig (2.Kor 3,6).

8. Wer aber dem Herrn anhängt, der ist ein Geist mit ihm (1.Kor 6,17).

9. Denn welche der Geist Gottes treibt, die sind Gottes Kinder (Röm 8,14).

10. Gott ist die Liebe; und wer in der Liebe bleibt, der bleibt in Gott und Gott in Ihm (1.Joh 4,16).

11. Denn also hat Gott die Welt geliebt, dass er seinen einge-
borenen Sohn gab, damit alle, die an ihn glauben, nicht
verloren werden, sondern das ewige Leben haben (Joh
3,16).

12. Gott will, dass allen Menschen geholfen werde und sie
zur Erkenntnis der Wahrheit kommen. Denn es ist ein
Gott und ein Mittler zwischen Gott und den Menschen,
nämlich der Mensch Christus Jesus (1.Tim 2,4+5).

13. Jeder der anerkennt, dass Jesus Christus ein Mensch von
Fleisch und Blut wurde, hat den Geist Gottes (1.Joh 4,2).

14. Denn in ihm (Jesus Christus) wohnt die ganze Fülle der
Gottheit leibhaftig (Kol 2,9).

15. Wer mich (Jesus) sieht, der sieht den Vater (Joh 14,9).

16. Ich (Jesus) und der Vater sind eins (Joh 10,30).

17. Meine Lehre ist nicht von mir, sondern von dem, der
mich gesandt hat. Wenn jemand dessen Willen tun will,
wird er innewerden, ob diese Lehre von Gott ist oder ob
ich von mir selbst aus rede (Joh 7,16+17).

18. Er (Jesus) aber sagte zu ihm: Du sollst den Herrn, deinen
Gott, lieben mit deinem ganzen Herzen und mit deiner
ganzen Seele und mit deinem ganzen Denken. Dies ist
das große und erste Gebot. Das zweite aber ist ihm
gleich: Du sollst deinen Nächsten lieben wie dich selbst
(Mt 22,37-39).

19. Ich (Jesus) bin der Weg und die Wahrheit und das Leben, niemand kommt zum Vater denn durch mich (Joh 14,6).

20. Ich (Jesus) bin die Auferstehung und das Leben, wer an mich glaubt, der wird leben, auch wenn er stirbt (Joh 11,25).

21. Ich (Jesus) bin gekommen, die Sünder zu rufen und nicht die Gerechten (Mt 9,13).

22. Alle haben ja gesündigt und ermangeln der Ehre vor Gott und werden gerecht gesprochen ohne Verdienst durch seine Gnade mittelst der Erlösung die in Jesus Christus ist (Röm 3,23+24).

23. Der Menschensohn ist nicht gekommen, dass er sich dienen lasse, sondern, dass er diene und sein Leben gebe als Lösegeld für viele (Mk 10,45).

24. (Jesus), der unsere Sünde selbst hinaufgetragen hat an seinem Leibe auf das Holz, damit wir, der Sünde abgestorben, der Gerechtigkeit leben. Durch seine Wunden seid ihr heil geworden (1.Petr 2,24).

25. Denn: Er (Jesus) ist für alle gestorben (2.Kor 5,15).

26. Denn es ist erschienen die heilsame Gnade Gottes allen Menschen (Tit 2,11).

27. Ich (Jesus) bin der gute Hirte. Der gute Hirte lässt sein Leben für die Schafe (Joh 10,11).

28. Wer mein Wort hört und glaubt dem. Der mich gesandt hat, der hat das ewige Leben und kommt nicht in das Gericht, sondern er ist vom Tode zum Leben hindurchgedrungen (Joh 5,24).

29. Das ist aber das ewige Leben, dass sie dich, der du allein wahrer Gott bist und den du gesandt hast, Jesus Christus, erkennen (Joh 17,3).

30. Gott aber ist nicht ein Gott der Toten, sondern der Lebenden, denn ihm leben sie alle (Lk 20,38).

31. Ich (Jesus) bin ein König. Ich bin dazu geboren und in die Welt gekommen, dass ich die Wahrheit bezeuge. Wer aus der Wahrheit ist, der hört meine Stimme (Joh 18,37).

32. Mein Reich (Jesu Reich) ist nicht von dieser Welt (Joh 18,36).

33. Wenn ihr bleiben werdet an meinem Wort, so seid ihr wahrhaftig meine Jünger und werdet die Wahrheit erkennen und die Wahrheit wird euch frei machen (Joh 8,31+32).

34. Seid aber Täter des Worts und nicht Hörer allein (Jak 1,22).

35. Denn wer den Willen tut meines Vaters im Himmel, der ist mir Bruder und Schwester und Mutter (Mt 12,50).

36. Denn die er ausersehen hat, die hat er auch vorherbestimmt, dass sie gleich sein sollten dem Bild seines Sohnes, damit dieser der Erstgeborene sei unter vielen Brüdern (Röm 8,29).

37. Ihr seid alle durch den Glauben Gottes Kinder in Christus Jesus (Gal 3,26).

38. Seid also Nachahmer Gottes als geliebte Kinder und wandelt in der Liebe (Eph 5,1).

39. Ich (Jesus) bin der Weinstock, ihr seid die Reben. Wer in mir bleibt und ich in ihm, der bringt viel Frucht; denn ohne mich könnt ihr nichts tun (Joh 15,5).

40. Ein neues Gebot gebe ich euch, dass ihr euch untereinander liebt, wie ich euch geliebt habe, damit auch ihr einander liebhabt. Daran wird jedermann erkennen, dass ihr meine Jünger seid, wenn ihr Liebe untereinander habt (Joh 13,34+35).

41. Seid niemand etwas schuldig, außer dass ihr euch untereinander liebt, denn wer den andern liebt, der hat das Gesetz erfüllt. Denn was da gesagt ist: „Du sollst nicht ehebrechen; du sollst nicht töten; du sollst nicht stehlen; du sollst nicht begehren" und was da sonst an Geboten ist, das wird in diesem Wort zusammengefasst: „Du sollst deinen Nächsten lieben wie dich selbst". Die Liebe tut dem Nächsten nichts Böses. So ist nun die Liebe des Gesetzes Erfüllung (Röm 13,8-10).

42. Ich (Jesus) bin das Licht der Welt. Wer mir nachfolgt, der wird nicht wandeln in der Finsternis (Joh 8,12).

43. Den Frieden lasse ich euch, meinen Frieden gebe ich euch. Nicht gebe ich euch, wie die Welt gibt. Euer Herz erschrecke nicht und fürchte sich nicht (Joh 14,27).

44. Wenn ihr nicht umkehrt und werdet wie die Kinder, so werdet ihr nicht ins Himmelreich kommen (Mt 18,3).

45. Lasset die Kinder zu mir kommen und wehret ihnen nicht, denn solchen gehört das Reich Gottes (Mk 10.14).

46. Wer zu mir kommt, den werde ich nicht hinausstoßen (Joh 6,37).

47. Was ihr getan habt einem von diesen meinen geringsten Brüdern, das habt ihr mir getan (Mt 25,40).

48. Alles nun, was ihr wollt, dass euch die Leute tun sollen, das tut ihnen auch! Das ist das Gesetz und die Propheten (Mt 7,12).

49. Denn wer sich selbst erhöht, der soll erniedrigt werden, und wer sich selbst erniedrigt, der soll erhöht werden (Lk 14.11).

50. Denn wer sein Leben erhalten will, der wird's verlieren; und wer sein Leben verliert um meinetwillen und um des Evangeliums willen, der wird's erhalten (Mk8,35).

51. Der Mensch lebt nicht vom Brot allein, sondern von einem jeden Wort, das aus dem Mund Gottes geht (Mt 4,4).

52. Selig sind, die das Wort Gottes hören und bewahren (Lk 11,28).

53. Versteht, was der Wille Gottes ist (Eph 5,17).

54. Verstehst du auch, was du liest (die Jesaja-Rolle)? (Apg 8.30).

55. Jesus sprach: Hört mir alle zu und versteht (Mk 7,14).

56. So kommt der Glaube aus der Predigt, das Predigen aber durch das Wort Christi (Röm 10,17).

57. Und alles,was ihr bittet im Gebet, wenn ihr glaubt, so werdet ihr's empfangen (Mt 21,22).

58. Alles ist euer, ihr aber seid Christi, Christus aber ist Gottes (1.Kor 3,23).

59. Alle Dinge sind möglich, dem, der da glaubt (Mk 9,23).

60. Wo zwei oder drei auf mich hin versammelt sind, da bin ich mitten unter ihnen (Mt 18,20).

61. Christus ist des Gesetzes Ende; wer an den glaubt, der ist gerecht (Röm 10,4).

62. So halten wir nun dafür, dass der Mensch gerecht wird ohne des Gesetzes Werke, allein durch den Glauben (Röm 3,28).

63. Erforscht euch selbst, ob ihr im Glauben steht; prüft euch selbst! Oder erkennt ihr euch selbst nicht, dass Jesus Christus in euch ist? (2.Kor 13,5).

64. In der Welt habt ihr Angst; aber seid getrost, ich habe die Welt überwunden (Joh 16,33).

65. Wir haben hier keine bleibende Stadt, sondern die zukünftige suchen wir (Hebr 13,14).

66. Alles, was Gott geschaffen hat ist gut (1.Tim 4,4).

67. Jesus antwortete und sprach zu ihm: Wer mich liebt, der wird mein Wort halten; und mein Vater wird ihn lieben und wir werden zu ihm kommen und Wohnung bei ihm nehmen (Joh 14,23).

68. Oder wisst ihr nicht, dass euer Leib ein Tempel des Heiligen Geistes ist, der in euch ist und den ihr von Gott habt und dass ihr nicht euch selbst gehört? (1.Kor 6,19).

69. Lass dir an meiner Gnade genügen; denn meine Kraft ist in den Schwachen mächtig (2.Kor 12,9).

70. Irret euch nicht! Gott lässt sich nicht spotten. Denn was der Mensch sät, das wird er ernten (Gal 6,7).

71. Geben ist seliger als nehmen (Apg 20,36).

72. Einen fröhlichen Geber hat Gott lieb (2.Kor 9,7).

73. Seid allezeit bereit zur Verantwortung vor jedermann, der von euch Rechenschaft fordert über die Hoffnung, die in euch ist (1.Petr 3,15).

74. Lasst die Sonne nicht über eurem Zorn untergehen (Eph 4,26).

75. Lass dich nicht vom Bösen überwinden, sondern überwinde das Böse mit Gutem (Röm 12,21).

76. Einen ketzerischen Menschen meide, wenn er einmal und noch einmal ermahnt ist und wisse, dass ein solcher ganz verkehrt ist und sich selbst damit das Urteil spricht (Tit 3,10+11).

77. Wenn aber alles ihm untertan sein wird, dann wird auch der Sohn selbst untertan sein dem, der ihm alles unterworfen hat, damit Gott sei alles in allem (1.Kor 15,28).

78. Der Herr ist mein Hirte,
mir wird nichts mangeln.
Er weidet mich auf einer grünen Aue
und führet mich zum frischen Wasser.
Er erquicket meine Seele.
Er führet mich auf rechter Straße
um seines Namens willen.
Und ob ich schon wanderte
im finstern Tal,
fürchte ich kein Unglück;
denn du bist bei mir,
dein Stecken und Stab trösten mich.
Du bereitest vor mir einen Tisch
im Angesicht meiner Feinde.
Du salbest mein Haupt mit Öl
und schenkest mir voll ein.
Gutes und Barmherzigkeit
werden mir folgen mein Leben lang
und ich werde bleiben
im Hause des Herrn immerdar.
(Psalm 23).

II. Sprüche mehr oder minder bekannter und unbekannter Personen

79. Die Sehnsucht Gottes ist der Mensch (Augustinus).

80. Du würdest mich nicht suchen, wenn du mich nicht schon gefunden hättest (Augustinus).

81. Ich würde dich nicht suchen, Gott, wenn du mich nicht schon gefunden hättest (Augustinus).

82. Ich möchte lieber alles verlieren und dich finden, Gott, als alles gewinnen und dich nicht finden (Augustinus).

83. Du willst Gott ohne den Sohn? Zeige mir erst die Flamme ohne Licht (Augustinus).

84. Sehen kannst du Gott nicht; liebe ihn, dann hast du ihn (Augustinus).

85. Wenn man die Liebe liebt, liebt man Gott (Augustinus).

86. Um Gott zu erkennen, muss man ihn lieben; um die Menschen zu lieben, muss man sie kennen (Augustinus).

87. Liebe Gott und deinen Nächsten! Liebe Gott, das muss zuerst gesagt werden. Liebe deinen Nächsten, das muss zuerst getan werden. Liebe deinen Nächsten, dann wird dein Auge hell, Gott zu schauen (Augustinus).

88. Liebe und tu was du willst = Dilige et quod vis fac (Augustinus).

89. In notwendigen Dingen: die Einheit. In fraglichen Dingen: die Freiheit. In allem: die Liebe (Augustinus).

90. Die Seele, die wünscht, dass Gott sich ihr ganz schenke, muss sich ihm ganz und rückhaltlos geben (Johannes vom Kreuz).

91. Die Seele, die in der Liebe lebt, ermüdet nicht und ermüdet niemanden (Johannes vom Kreuz).

92. Wie könnte sich der Mensch, in Niedrigkeit gezeugt und geboren, zu dir erheben, wenn nicht du, Herr, ihn emporträgst mit der Hand, die ihn erschuf (Johannes vom Kreuz).

93. In der Stunde der Rechenschaft nämlich wird es dich reuen, deine Zeit nicht zumDienste Gottes genutzt zu haben. Warum also verhältst du dich nicht gleich so, wie du es in deiner Todesstunde wünschen würdest? (Johannes vom Kreuz).

94. Lass dich nicht ängstigen, nichts dich erschrecken. Alles geht vorüber. Gott allein bleibt derselbe. Wer Gott hat, der hat alles (Theresa von Avila).

95. Gott lässt andere aus uns als dem Gefäß seiner Kraft schöpfen (Theresa von Avila).

96. Das Kreuz Christi ist eine Last von der Art, wie es die Flügel für die Vögel sind. Sie tragen aufwärts (Bernhard von Clairvaux).

97. Ich sage ihm nichts, ich liebe ihn nur (Therese von Lisieux).

98. Das, wonach wir suchen, ist das was sucht (Franz von Assisi).

99. Der Herr segne und behüte dich. Er zeige dir sein Angesicht und erbarme sich deiner. Er wende dir sein Antlitz zu und schenke dir den Frieden. Der Herr segne dich (Franz von Assisi).

100. Ich komm – weiß nit, woher.
Ich geh – weiß nit wohin.
Mich wundert, dass ich so fröhlich bin.
(Martinus von Biberach).

Ich komm – weiß wohl, woher.
Ich geh – weiß wohl, wohin.
Mich wundert, dass ich so traurig bin.
(Martin Luther).

101. Wo der Glaube ist, da ist auch Lachen (Martin Luther).

102. Aller Gesetze Ende ist die Liebe. Woran du nun dein Herz hängest und (dich darauf) verlässest, das ist eigentlich dein Gott (Martin Luther).

103. Bei Gott ist Leben und Lieben dasselbe (Martin Luther).

104. Gott ist dann am allernächsten, wenn er am weitesten entfernt scheint (Martin Luther).

105. Der Sinn des Lebes ist es, Gott zu danken und zu loben (Martin Luther).

106. Aber die Christen wohnen (wie man sagt) fern voneinander. Christen sind seltene Vögel (Martin Luther).

107. Dass die Vögel der Sorge und des Kummers über deinem Haupt fliegen, kannst du nicht ändern. Aber dass sie Nester in deinem Haar bauen, dass kannst du verhindern (Martin Luther).

108. Töricht handeln die, welche den Ungläubigen beweisen wollen, die Schrift sei Gottes Wort, was nur durch den Glauben erkannt werden kann (Jean Calvin).

109. Übrigens, wenn wir nur so für Christum leben, dass wir täglich bereit sind, für ihn zu sterben, so können wir unsere Zukunft sicher leben (Jean Calvin).

110. Wer Christus nur zur Hälfte haben will, verliert ihn ganz (Jean Calvin).

111. Gibt es Gott, dann hat der Glaubende recht und der Atheist bekommt nach seinem Tod die Quittung. Existiert Gott aber nicht, dann hat zwar der Atheist recht, aber es nutzt ihm ebensowenig wie dem Glaubenden, denn beide wissen nach dem Tod garnichts mehr. Aber selbst, wenn es Gott nicht gibt, hat der Glaubende ein schöneres Leben in Gottvertrauen, Gelassenheit und Vorfreude auf das künftige Leben geführt. Dass er sich getäuscht hat, erfährt er ja nicht mehr. Es spricht also sehr viel mehr für den Glauben an Gottes Existenz als an seine Nichtexistenz (Blaise Pascals Wette).

112. Es gibt nur zwei Arten von Menschen, die man vernünftig nennen darf: die, welche Gott von ganzem Herzen dienen, weil sie ihn kennen und die, welche ihn von ganzem Herzen suchen, weil sie ihn nicht kennen (Blaise Pascal).

113. Wohl lehrt der Glaube, was die Sinne nicht erkennen, aber niemals das Gegenteil von dem, was sie sehen. Er ist darüber, aber nicht entgegen (Blaise Pascal).

114. Die ganze Würde des Menschen besteht im Denken (Blaise Pascal).

115. In jedem Menschen ist ein Abgrund; den kann man nur mit Gott füllen (Blaise Pascal).

116. Niemand wird wahrhaft und fruchtbar glauben, dessen Herz Gott nicht berührt hat und man wird glauben, sobald er es berührte (Blaise Pascal).

117. Wenn man sagt, der Mensch sei zu gering, als dass eine Mitteilung Gottes an ihn möglich sei, so sage ich, man muss sehr hoch stehen, um darüber urteilen zu können (Blaise Pascal).

118. Vater im Himmel, ich bitte weder um Gesundheit noch um Krankheit, weder um Leben noch um Tod , sondern darum, dass du über meine Gesundheit und meine Krankheit, über mein Leben und meinen Tod verfügst zu deiner Ehre und meinem Heil. Du allein weißt, was mir dienlich ist. Du bist der Herr, tue, was du willst. Gib mir, nimm mir, aber mache meinen Willen dem deinen gleich (Blaise Pascal).

119. Man versteht nur das, was man liebt (Johann Wolfgang von Goethe).

120. Den Menschen nenne ich das erste Gespräch, das die Natur mit Gott hält (Johann Wolfgang von Goethe).

121. Wenn je das Göttliche auf Erden erschien, so war es in der Person Christi (Johann Wolfgang von Goethe).

122. Bedenke wohl, worum du bittest, denn es könnte dir gewährt werden (Johann Wolfgang von Goethe).

123. Welche Religion ich bekenne? Keine von allen, die du mir nennst. Und warum keine? Aus Religion (Friedrich von Schiller).

124. Alexander der Große, Cäsar und ich, wir haben große Reiche gegründet durch Gewalt und nach unserem Tod haben wir keinen Freund. Christus hat sein Reich auf Liebe gegründet und noch heutzutage würden Millionen Menschen freiwillig für ihn in den Tod gehen (Napoleon I.).

125. Wir sind nicht nur verantwortlich für das, was wir tun, sondern auch für das, was wir nicht tun (Jean Baptiste Moliere).

126. Wahr ist nur die ganze Wahrheit. Jeder Teil der Wahrheit, einzeln gesehen ist Lüge (Romain Rolland).

127. Die Liebe ist die höchste Vernunft (Romain Rolland).

128. Ihr denkt stets an das, was ihr behalten oder verlieren könnt. Denkt doch an das, was ihr geben könnt (Romain Rolland).

129. Dein Wille geschehe. Das Hauptgebet. Das Gebet der Gebete (Romain Rolland).

130. Herr schicke, was du willst, ein Liebes oder Leides, ich bin vergnügt, dass beides aus deinen Händen quillt. Wollest mit Freuden und wollest mit Leiden mich nicht überschütten! Doch in der Mitten liegt holdes Bescheiden (Eduard Mörike).

131. Alle Bücher, die ich gelesen habe, haben mir den Trost nicht gegeben, den mir dieses Wort der Bibel gab: Der Herr ist mein Hirte, mir wird nichts mangeln (Immanuel Kant).

132. Wer die Lehre Christi begreift, hat dasselbe Gefühl wie ein Vogel, der bis dahin nicht wusste, das er Flügel besitzt und nun plötzlich begreift, dass er fliegen, frei sein kann und nichts mehr zu fürchten braucht (Leo Tolstoi).

133. Einen Menschen lieben heißt: ihn so sehen wie Gott ihn gemacht hat (Fjodor M. Dostojewsky).

134. Der Himmel ist uns überall gleich nahe (Friedrich G. Klopstock).

135. Nah ist und schwer zu fassen der Gott. Wo aber Gefahr ist, wächst das Rettende auch (Friedrich Hölderlin).

136. Gott bittet uns, ihn zu lieben, nicht weil er unsere Liebe zu ihm braucht, sondern weil wir unsere Liebe zu ihm brauchen (Franz Werfel).

137. Man sollte dem anderen die Wahrheit wie einen Mantel hinhalten, dass er hineinschlüpfen kann und sie ihm nicht wie einen nassen Lappen um die Ohren schlagen (Max Frisch).

138. Erziehung ist Beispiel und Liebe – sonst nichts (Friedrich Fröbel).

139. Sie sagen: die Bergpredigt wäre nicht so gemeint. Ich glaube es nicht (Hanns Dieter Hüsch).

140. Ohne Gott bin ich ein Fisch am Strand,
ohne Gott ein Tropfen in derGlut,
ohne Gott bin ich ein Gras im Sand
und ein Vogel, dessen Schwinge ruht.
Wenn mich Gott bei meinem Namen ruft,
bin ich Wasser, Feuer, Erde, Luft (Jochen Klepper).

141. Ich bin aus Gott wie alles Sein geboren, ich geh im Gott mit allem Mein zu sterben, ich kehre heim, o Gott, als dein zu leben (Christian Morgenstern).

142. Geh einfach Gottes Pfad,
lass nichts sonst Führer sein,
so gehst du recht und grad
und gingst du ganz allein (Christian Morgenstern).

143. Das Leben hat keinen Sinn als den Sinn – Gottes (Christian Morgenstern).

144. Wer Gott aufgibt, der löscht die Sonne aus, um mit einer Laterne weiter zu wandeln (Christian Morgenstern).

145. Gott wäre etwas gar Erbärmliches, wenn er sich in einem Menschenkopfe begreifen könnte (Christian Morgenstern).

146. Frage dich nur bei allem: hätte Christus das getan? – Das ist genug (Christian Morgenstern).

147. Es ist eines der tiefsten Worte: Bei Gott ist kein Ding unmöglich. Gott ist die Möglichkeit aller Möglichkeiten (Christian Morgenstern).

148. Was sagt Meister Eckehart anders als: Zerbrich alle Sprache und damit alle Begriffe und Dinge: Der Rest ist Schweigen. Dies Schweigen aber ist – Gott (Christian Morgenstern).

149. Wir sind geborgen, wenn wir uns ganz dem Herrn überlassen (Spurgeon).

150. Unsere Sorge muss sein, Gott zu gefallen. Alle anderen Sorgen können wir getrost ihm überlassen (Spurgeon).

151. Gott wirft uns nicht aus Zorn und Rache in den Feuerofen; das ist unmöglich, weil er ja selbst mit uns hineingehen will (Spurgeon).

152. Lies im Wohlsein, in der Ruhe eine Bibelwahrheit und sie macht dir vielleicht keinen besonderen Eindruck. Aber stecke einmal im Schmelzofen und du wirst ihre Worte, auch die schwereren, viel besser verstehen als zuvor in der Ruhe (Spurgeon).

153. Die Vernunft ist ein Licht, doch der Glaube ist eine Sonne (Spurgeon).

154. Jesus Christus spricht: Ego sum lux mundi = Ich bin das Licht der Welt. Er ist nicht die Lampe irgendeiner Kirche.

155. Eine echte Bekehrung lässt sich ebensowenig verbergen wie ein Licht in einem dunklen Zimmer (Spurgeon).

156. Besser ein blinder Heiliger als ein scharfsichtiger Sünder (Spurgeon).

157. Der Sünder kommt nicht zu Gott, Gott kommt zu ihm (Spurgeon).

158. Das Schaf verirrt sich von selbst, aber es kehrt nie von selber wieder zur Herde zurück. Der Hirt muss es suchen (Spurgeon).

159. Zuweilen ist fortgesetztes Gebet nur murmelnder Unglaube (Spurgeon).

160. Die Wahrheit in der Schrift wird uns niemals selig machen, bis sie die Wahrheit in unserm Herzen wird (Spurgeon).

161. Christus wird besser erkannt durch das, was er selber sagt, als durch das, was seine Freunde über ihn sagen (Spurgeon).

162. Jesus ist sein eigener Beweis (Spurgeon).

163. Der Zweifel brütet Kummer aus, Gottvertrauen schafft Freude (Spurgeon).

164. Wir sind es Gott schuldig, uns nicht zu fürchten (Spurgeon).

165. Nicht großen Glauben brauchen wir, sondern Glauben an einen großen Gott (Hudson Taylor).

166. Glaube ist der Vogel., welcher singt, wenn die Nacht noch dunkel ist (Rabindranath Tagore).

167. Gott achtet mich, wenn ich arbeite. Aber er liebt mich, wenn ich singe (Rabindranath Tagore).

168. Gott nötig zu haben ist nichts, dessen man sich schämen müsste, sondern es ist die Vollkommenheit und es ist am traurigsten, wenn etwa ein Mensch durchs Leben ginge, ohne zu entdecken, dass er Gott nötig hat (Sören Kierkegaard).

169. Nur die Wahrheit, die dich erbaut, ist Wahrheit für dich (Sören Kierkegaard).

170. Wer immer das Beste hofft, der wird alt, vom Leben betrogen; und wer immer auf das Schlimmste vorbereitet ist, der wird zeitig alt; aber wer glaubt, der bewahrt eine ewige Jugend (Sören Kierkegaard).

171. Als mein Gebet immer andächtiger und innerlicher wurde, da hatte ich immer weniger und weniger zu sagen. Und zuletzt wurde ich ganz still (Sören Kierkegaard).

172. Wir können nur mit Gott reden, wenn wir unsere Arme um die Welt legen (Martin Buber).

173. Alles wirkliche Leben bedeutet Begegnung (Martin Buber).

174. Wenn an Gott glauben bedeutet von ihm in der dritten Person reden zu können, glaube ich nicht an Gott. Wenn an Gott glauben bedeutet zu ihm zu reden, glaube ich an Gott (Martin Buber).

175. Gott ist ein persönliches Gegenüber, zu dem ich reden kann. Gott wohnt, wo man ihn einlässt (Martin Buber).

176. Wo ich gehe, Du. Wo ich stehe, Du
Nur Du, wieder Du, immer Du – Du, Du, Du
Ergeht's mir gut, Du
Wenn's mir weh tut, Du
Nur Du, wieder Du, immer Du – Du, Du, Du
Himmel, Du, Erde, Du, oben Du, unten Du
Wohin ich mich wende an jedem Ende
Nur Du, wieder Du, immer Du – Du, Du, Du
(Martin Buber).

177. Ich weiß nur eins, ich sterbe in Gott hinein (M. Buber).

178. Umkehr ist der schnellste Weg voran (C.S. Lewis).

179. Am Ende gibt es nur zwei Arten von Menschen: die, die
zu Gott sagen: „Dein Wille geschehe" und die, zu denen
Gott sagt: „Dein Wille geschehe" (C.S. Lewis).

180. Klage Jesu Christi an die undankbare Welt:

Ich bin das Licht,	man siehet mich nicht,
Ich bin der Weg,	ihr gehet mich nicht,
Die Wahrheit,	ihr glaubet mir nicht,
Das Leben,	man suchet mich nicht,
Ich bin reich,	man bittet mich nicht
Ich bin edel,	man dienet mir nicht,
Der Schönste,	man liebet mich nicht,
Ich bin barmherzig,	man vertrauet mir nicht,
Ich bin ein Lehrer,	man folget mir nicht,

Werdet ihr verdammet, verweiset mirs nicht

(Segnender Christus im Lübecker Dom. Gemälde eines
unbekannten Künstlers aus dem 17. Jahrhundert).

181. Ihr nennt mich Meister: So fraget mich doch!
Ihr nennt mich Licht: So sehet mich doch!
Ihr nennt mich Weg: So folget mir doch!
Ihr nennt mich Leben: So suchet mich doch!
Ihr heißt mich weise: So glaubet mir doch!
Ihr heißt mich schön: So liebet mich doch!
Ihr heißt mich reich: So bittet mich doch!
Ihr heißt mich ewig: So trauet mir doch!
Ihr heißt mich barmherzig: So hoffet doch!
Ihr heißt mich edel: So ehret mich doch!
Ihr heißt mich allmächtig: So dienet mir doch!
Ihr heißt mich gerecht: So fürchtet mich doch!
Ihr heißt mich die Liebe: So folget doch der Bahn!
Denn wenn ihr mich liebt, habt ihr alles getan!

(Lübecker Domspruch).

182. Der Zufall ist das Pseudonym, das der liebe Gott gebraucht, wenn er es vorzieht inkognito zu bleiben (Albert Schweitzer).

183. Ein Rabbi sprach: Die große Schuld des Menschen sind nicht die Sünden, die er begeht – die Versuchung ist groß und seine Kraft ist klein. Die große Schuld des Menschen ist, dass er jederzeit umkehren kann und es nicht tut (aus dem Chassidismus).

184. Es gibt keine größere Kraft als die Liebe. Sie überwindet den Hass, wie das Licht die Finsternis (Martin Luther King).

185. Dass wir beten sollen steht in der Bibel aber was wir beten sollen, das steht in der Zeitung (Martin Luther King).

186. Ich habe einen Traum, dass eines Tages die Söhne
früherer Sklaven und die Söhne früherer Sklavenhalter
miteinander am Tisch der Brüderlichkeit sitzen werden.
Ich habe einen Traum, dass eines Tages jedes Tal erhöht
und jeder Berg erniedrigt wird. Die rauhen Orte werden
geglättet und die unebenen werden begradigt. Die Herrlichkeit des Herrn wird offenbar werden und alles
Fleisch wird es sehen. Das ist unsere Hoffnung!
Mit diesem Glauben werde ich fähig sein, aus dem Berg
der Verzweiflung einen Stein der Hoffnung zu hauen.
Mit diesem Glauben werden wir fähig sein, zusammen
zu arbeiten, zusammen zu beten, zusammen zu kämpfen,
zusammen ins Gefängnis zu gehen, zusammen für die
Freiheit aufzustehen in dem Wissen, Dass wir eines Tages frei sein werden (Martin Luther King).

187. Wer nicht an Wunder glaubt, ist kein Realist (David Ben
Gurion).

188. Spricht der eine: Alles, was man über Gott sagen kann,
ist Gott. Spricht der andere: Alles, was man sagen kann,
ist nicht Gott. Spricht Meister Eckhart: Beide reden
wahr. Und ich denke: So zart ist also die Gottheit! Die
Zangen der Logik fassen sie nicht (Kurt Marti).

189. Gott kann auf krummen Zeilen gerade schreiben (Paul
Claudel), aber er muss, damit wir es fassen können, eben
schreiben. Gott muss sein von ihm kündendes Wort in
die Elemente dieser Welt kleiden.

190. Das Jenseitige ist nicht das unendlich Ferne, sondern das
Nächste. Gott ist mitten in unserem Leben jenseitig.
Einen Gott, den es gibt, gibt es nicht (Dietrich
Bonhoeffer).

191. Unser Verhältnis zu Gott ist kein religiöses zu einem denkbar höchsten, mächtigsten, besten Wesen – dies ist keine echte Transzendenz – sondern unser Verhältnis zu Gott ist ein neues Leben, ein Dasein für andere in der Teilnahme am Sein Jesu (Dietrich Bonhoeffer).

192. Nachfolge Christi ist Freude (Dietrich Bonhoeffer).

193. Von guten Mächten wunderbar geborgen,
erwarten wir getrost, was kommen mag.
Gott ist mit uns am Abend und am Morgen
und ganz gewiss an jedem neuen Tag
(Dietrich Bonhoeffer).

194. Gott, zu dir rufe ich! In mir ist es finster, aber bei dir ist das Licht; ich bin einsam, aber du verlässt mich nicht; ich bin kleinmütig, aber bei dir ist Hilfe; ich bin unruhig, aber bei dir ist Friede; in mir ist Bitterkeit, aber bei dir ist die Geduld; ich verstehe deine Wege nicht, aber du weißt den Weg für mich (Dietrich Bonhoeffer).

195. Mag sein, dass der jüngste Tag morgen anbricht, dann wollen wir gern die Arbeit für eine bessere Zukunft aus der Hand legen, vorher aber nicht (Dietrich Bonhoeffer).

196. Man sieht nur mit dem Herzen gut, das Wesentliche ist die Augen unsichtbar (Antoine de Saint- Exupéry).

197. Mein Herr und mein Gott nimm alles von mir,
was mich hindert zu dir.
Mein Herr und mein Gott, gib alles mir,
was mich fördert zu dir.
Mein Herr und mein Gott, nimm mich mir
und gib mich ganz zu eigen dir (Bruder Klaus).

198. Jesus ist für uns nicht Gott, aber Gott ist für uns Jesus (Heinz Zahrnt).

199. Glaube darf nicht mit Gläubigkeit verwechselt werden (Karl Barth).

200 Wie klein eine Liebe zu Gott, die in ihm satt wird und nicht hungriger (Dorothee Sölle).

201. Wir sind nur ein Spiegel Gottes, geschaffen, um Gott in uns aufzunehmen. Das Wasser kann noch so trübe sein, aber auch so widerspiegelt es den Himmel (Ernesto Cardenal).

202. Lord make my life a window for your light to shine threw and a mirror to reflekt your love to all I meet.
Herr mach mein Leben zu einem Fenster durch das dein Licht scheint und mach mein Leben zu einem Spiegel, der deine Liebe wiederspiegelt zu allen, die mir begegnen. (Robert Schuller sen.).

203 Gott gibt es überhaupt nicht. Er gibt sich (Manfred Mezger).

204. Sage mir, wie erhaben du dir Gott denkst und ich will dir sagen, wieviel Schindluder du mit ihm treibst. Sage mir, wie erhaben du dir Gott vorstellst und ich will dir sagen, wie egal er dir ist (Helmut Thielicke).

205. Es ist viel schlimmer und ein Greuel vor Gott, wenn man zuviel glaubt (oder zu glauben meint) als zu wenig (Helmut Thielicke).

206. Wir existieren wirklich zu zweit (Ernst Fuchs).

207. Wir leben in der Gnade Gottes, das ist die unveränderbare und unverzichtbare Wahrheit mit der man steht und fällt (Helmut Thielicke).

208. Auch wenn unser Herz uns verurteilt, Gott ist größer als unser Herz (Frère Roger).

209. Herr, du bist also nicht nur, über den größeres nicht gedacht werden kann, sondern bist etwas Größeres, als gedacht werden kann (Anselm von Canterbury).

210. Das griechische Wort für Schöpfung in der Bibel ist Poem oder Gedicht. Denn Schöpfung und Poesie sind in Wirklichkeit das gleiche. Die Welt ist das Gedicht Gottes (Ernesto Cardenal).

211. Materie an sich gibt es nicht. Es gibt nur den belebenden, unsichtbaren, unsterblichen Geist alsUrgrund der Materie ...... mit dem geheimnisvollen Schöpfer, den ich mich nicht scheue Gott zu nennen (Max Planck).

212. Die gegenwärtige Person ist nicht nur in der gegenwärtigen raumzeitlichen Struktur codiert, sondern auch in Gott. Deshalb können die Toten in Gott wieder zum Leben erwachen (Wolfhart Pannenberg).

213. Was bedeutet alles irdische Glück gegen die Verheißung: Wo ich (Jesus) bin, werdet ihr auch sein (Dag Hammarskjöld).

214. Gott gebe mir die Gelassenheit, Dinge hinzunehmen, die ich nicht ändern kann; den Mut, Dinge zu ändern, die ich ändern kann und die Weisheit, das eine vom andern zu unterscheiden (Reinhold Niebuhr).

215. Glaube, das ist die Heiterkeit, die von Gott kommt (Johannes XXIII).

216. Versuche nicht deinen Glauben zu beweisen, verteidige ihn.

217. Erst muss die Nacht ganz dunkel sein, eh wir nach Deinem Lichte schrein.

218. Gott sagt in jedes Leben hinein: Ich bin bei dir, komme, was da wolle (Kardinal Lehmann).

219. Niemand unter den Sterblichen ist so groß, dass er nicht in ein Gebet eingeschlossen werden könnte (Bert Brecht).

220. Man liebt den anderen nicht, wenn man sich nichts von ihm schenken lassen will (aus Nigeria).

221. Auf die Frage, ob er an Gott glaube, antwortete Albert Einstein: Das brauche ich nicht. Ich sehe ihn doch tagtäglich am Werk.

Wenn das Weltall, wie ich es erahne, die Frucht eines blinden Zufalls sein sollte, dann ist das so glaubwürdig, als wie wenn eine Druckerei in die Luft ginge, worauf alle Buchstaben wieder zur Erde fallen in der druckreifen, fehlerlosen Form des Duden-Lexikons (Albert Einstein).

222. Ich bin zwar Jude, aber das strahlende Bild Jesu des Nazareners hat auf mich einen überwältigenden Eindruck gemacht. Es hat sich keiner so ausgedrückt wie er. Es gibt wirklich nur eineStelle in der Welt, wo wir

kein Dunkel sehen. Das ist die Person Jesu Christi. In ihm hat sich Gott am deutlichsten vor uns hingestellt. Ich verehre ihn (mit diesem Text endet das: „Politische Glaubensbekenntnis", das Albert Einstein auf Bitten der „Deutschen Liga für Menschenrechte" 1932 auf Schallplatte gesprochen hatte).

223. Was es ist
Es ist Unsinn / sagt die Vernunft
Es ist was es ist / sagt die Liebe
Es ist Unglück / sagt die Berechnung
Es ist nichts als Schmerz / sagt die Angst
Es ist aussichtslos / sagt die Einheit
Es ist was es ist / sagt die Liebe
Es ist lächerlich / sagt der Stolz
Es ist leichtsinnig / sagt die Vorsicht
Es ist unmöglich / sagt die Erfahrung
Es ist, was es ist, sagt die Liebe (Erich Fried).

224. Es müssen nicht Männer mit Flügeln sein,
die Engel.
Sie gehen leise, sie müssen nicht schrein,
oft sind sie alt und hässlich und klein,
die Engel.
Sie haben kein Schwert, kein weißes Gewand,
die Engel.
Vielleicht ist einer, der gibt dir die Hand
Oder er wohnt neben dir, Wand an Wand,
der Engel.
Dem Hungernden hat er das Brot gebracht,
der Engel.
Dem Kranken hat er das Bett gemacht,
er hört, wenn du ihn rufst, in der Nacht,
der Engel

Er steht im Weg und sagt: Nein,
der Engel,
groß wie ein Pfahl und hart wie ein Stein—
es müssen nicht Männer mit Flügeln sein,
die Engel (Rudolf Otto Wiemer).

225. Spuren im Sand

Eines Nachts hatte ich einen Traum: Ich ging am Meer
entlang mit meinem Herrn. Vor dem dunklen Nachthim-
mel erstrahlten, Streiflichtern gleich, Bilder aus meinem
Leben. Und jedesmal sah ich zwei Fußspuren im Sand,
meine eigene und die meines Herrn.
Als das letzte Bild an meinen Augen vorübergezogen
war, blickte ich zurück. Ich erschrak, als ich entdeckte,
dass an vielen Stellen meines Lebensweges nur eine
Spur zu sehen war. Und das waren gerade die schwersten
Zeiten meines Lebens.
Besorgt fragte ich den Herrn: „Herr, als ich anfing, dir
nachzufolgen, da hast du mir versprochen, auf allen
Wegen bei mir zu sein. Aber jetzt entdecke ich, dass in
den schwersten Zeiten meines Lebens nur eine Spur im
Sand zu sehen ist. Warum hast du mich allein gelassen,
als ich dich am meisten brauchte?"
Da antwortete er: „Mein liebes Kind, ich liebe dich und
werde dich nie allein lassen, erst recht nicht in Nöten
und Schwierigkeiten. Dort, wo du nur eine Spur gesehen
hast, da habe ich dich getragen."
(Margaret Fishback Powers).

226. Der Herr gibt mir für meine Arbeit das Tempo an. Ich
brauche nicht zu hetzen. Er verschafft mir immer wieder
einige ruhige Minuten, eine Atempause, in der ich zu
mir kommen kann. Er stellt mir beruhigende Bilder vor

die Seele, die mir wieder und wieder zur Gelassenheit verhelfen. Oft lässt er mir mühelos etwas gelingen und es überrascht mich selbst, wie zuversichtlich ich sein kann. Ich merke, wenn man sich diesem Herrn anvertraut, bleibt das Herz ganz ruhig.

Obwohl ich eine Überfülle an täglichen Verpflichtungen habe, so brauche ich doch nicht nervös dabei zu werden. Seine stille Gegenwart befreit mich von aller Nervosität. Weil er über aller Zeit und über allen Dingen steht, verliert alles Andere an Gewicht.

Oft mitten im Gedränge gibt er mir ein Erlebnis, das mir Mut macht. Das ist als ob er mir eine Erfrischung reichte. Und dann ist der Friede da und eine tiefe Geborgenheit. Ich spüre, wie meine Kraft dabei wächst, wie ich ausgeglichen werde und mein Tagwerk gelingt. Darüber hinaus ist es einfach schön, zu wissen, dass ich meinem Herrn auf der Spur bin und dass ich jetzt und immer bei ihm zu Hause bin.

(Übertragung des 23. Psalms in die heutige Zeit von dem Japaner „Tokihies Nevi").

227. DESIDERATA

Gehe ruhig und gelassen durch Lärm und Hast und sei des Friedens eingedenk, den die Stille bergen kann. Stehe, soweit ohne Selbstaufgabe möglich, in freundlicher Beziehung zu allen Menschen. Äußere deine Wahrheit ruhig und klar und höre anderen zu, auch den Geistlosen und Unwissenden; auch sie haben Geschichte.

Meide laute und aggressive Menschen, sie sind eine Qual für den Geist. Wenn du dich mit anderen vergleichst, könntest du bitter werden und dir nichtig vorkommen, denn immer wird es jemanden geben, größer oder geringer als du. Freue dich deiner eigenen

Leistungen wie auch deiner Pläne. Bleibe weiter an diener eigenen Laufbahn interessirt, wie bescheiden auch immer. Sie ist ein echter Besitz im wechselnden Glück aller Zeiten.

In deinen geschäftlichen Angelegenheiten lass Vorsicht walten, denn die Welt ist voller Betrug. Aber dies soll dich nicht blind machen gegen gleichermaßen vorhandene Rechtschaffenheit. Viele Menschen ringen um hohe Ideale und überall ist das Leben voller Heldentum.

Sei du selbst, vor allen Dingen heuchle keine Zuneigung. Noch sei zynisch, was die Liebe betrifft; denn auch im Angesicht aller Dürre und Enttäuschung ist sie doch immerwährend wie das Gras. Erfrage freundlichgelassen den Ratschluss der Jahre, gib die Dinge der Jugend mit Grazie auf.

Stärke die Kraft des Geistes, damit sie dich in plötzlich hereinbrechendem Unglück schütze. Aber beunruhige dich nicht mit Einbildungen. Viele Befürchtungen sind Folge von Erschöpfung und Einsamkeit. Bei einem heilsamen Maß an Selbstdisziplin sei gut zu dir selbst. Du bist ein Kind des Universums, nicht weniger als die Bäume und Sterne. Du hast ein Recht, hier zu sein.

Und ob es dir nun bewusst ist oder nicht – zweifellos entfaltet sich das Universum wie versprochen. Darum lebe in Frieden mit Gott, was für eine Vorstellung du auch von ihm hast und was immer dein Mühen und Sehnen ist.

In der lärmenden Wirrnis des Lebens erhalte dir den Frieden mit deiner Seele. Trotz all ihrem Schein, der Plackerei und den zerbrochenen Träumen ist diese Welt doch wunderschön.

SEI VORSICHTIG; STREBE DANACH; GLÜCKLICH ZU SEIN.

(... aus der alten St. Pauls Kirche, Baltimore 1692)

228. Zwei befreundete, ältere Mönche verabredeten im Hinblick auf ihren bald zu erwartenden Tod, dass derjenige, der von ihnen als erster gestorben sein würde, dem anderen im Traum erscheinen solle, um ihm vom Jenseits zu berichten.

Habe er es dort so angetroffen, wie sie es sich hier auf Erden vorgestellt hatten, dann solle er nur sagen: taliter (es ist so beschaffen), wäre es aber anders, dann solle seine Mitteilung lauten: aliter (es ist anders).

Als nun einer von ihnen gestorben war, erschien er tatsächlich dem anderen im Traum. Und zum Erstaunen seines Freundes war seine Botschaft: totaliter aliter (ganz anders).

229. Die evangelische Kirche ist keine Priesterkirche, auch keine Pastorenkirche. In ihr herrscht der Grundsatz des allgemeinen Priestertums aller Glaubenden. Und von daher hat grundsätzlich jeder Glaubende das Recht, wenn er etwas zu sagen hat, in der Kirche zu Wort zu kommen.

Der Pfarrer hat bei uns keine besondere geistliche Qualität. Er hat keine, wie man früher lateinisch sagte, „sakramentale potestas", sondern er unterscheidet sich von den anderen Christen nur dadurch, dass er eine größere theologische Kompetenz hat (Eberhard Jüngel).

230. Das Christentum, das gesamte Christentum hängt von diesem einfachen Satz ab: „Wenn du bereust, kann dir vergeben werden". Das Christentum ist in dieser Hinsicht einmalig. Keine andere Religion, vor allem keine indische, spricht von Umkehr, Reue und Vergebung. (Bhagwan «der Erhabene, der Göttliche» Shree Rajneesh, der sich später bescheidener: Osho «Meister» nennen ließ).

231. Die Kirchen müssten das Glaubensbedürfnis legitim befriedigen. Täten sie das, dann wäre aller Ersatz schnell außer Kurs (Hoimar von Dittfurth).

232. Beten ist verwandt mit dem Wünschen. Je unreifer man ist, desto mehr ist es Wünschen. Je reifer man aber ist, desto mehr betet man: Dein Wille geschehe.
Denn ich kann ja nicht wissen, was gut für mich ist.
(Rolf-Dieter Seemann)

233. „Herr, du kennst mich. Du weißt, was gut für mich ist. Tu für mich, was du am besten findest."
(Jean-Pierre Bély, 66. anerkannter Wundergeheilter von Lourdes, der an multipler Sklerose im fortgeschrittenen Stadium litt, so dass er auf einer Bahre in die Grotte getragen werden musste. Die Heilung setzte nach seinem schlichten, gottvertrauenden Gebet in der Grotte von Lourdes spontan ein und hielt 1999 bereits 12 Jahre an).

234. Das 21. Jahrhundert wird religiös sein oder gar nichts (André Malraux, 1901–1976).

235. Der Christ der Zukunft wird ein Mystiker sein oder er wird überhaupt nicht sein (Karl Rahner, 1904 – 1984).

236. Die mystische Fähigkeit des menschlichen Geistes muss wieder gestärkt werden (Joseph Kardinal Ratzinger am 3.2.1998 in der Hamburger Hauptkirche St.Petri).

Wer Religion hat ☼ wird Poesie reden

Friedrich Schlegel

Ja, die Theologie! Wozu brauche ich das eigentlich?
Ich brauch` doch eigentlich Theopoesie.
Ich brauch` doch eigentlich beten lernen.
Das ist doch ganz was anderes.
Ich muss doch nicht in der Religion logisch denken lernen.
Das können andere mir beibringen.

Dorothee Sölle

Die der Heilige Geist erfüllt,
lässt er brennen und reden.

Gregor

III. Gedichte von Horst Gädtke

237

Glaube Wahrheit nicht nur theoretisch.
Lass dich von ihr ergreifen, ergreif` sie praktisch,
dass Gottes Wahrheit, Wahrheit wird in dir
und dass sie ganz dein eigen wird.
Wenn Jesus sagt, er hab` lebend`ges Wasser,
glaub`s nicht nur, geh` hin zu ihm und trinke.
Und wenn er sagt, er sei der gute Hirte,
dann folg` ihm nach im Denken und im Tun.
Denn Glauben hast du nicht wie eine Sache.
Er ist dein neues Sein, dein neues Leben.
Du bist die Kerze mit dem Docht und Gott das Brennen.

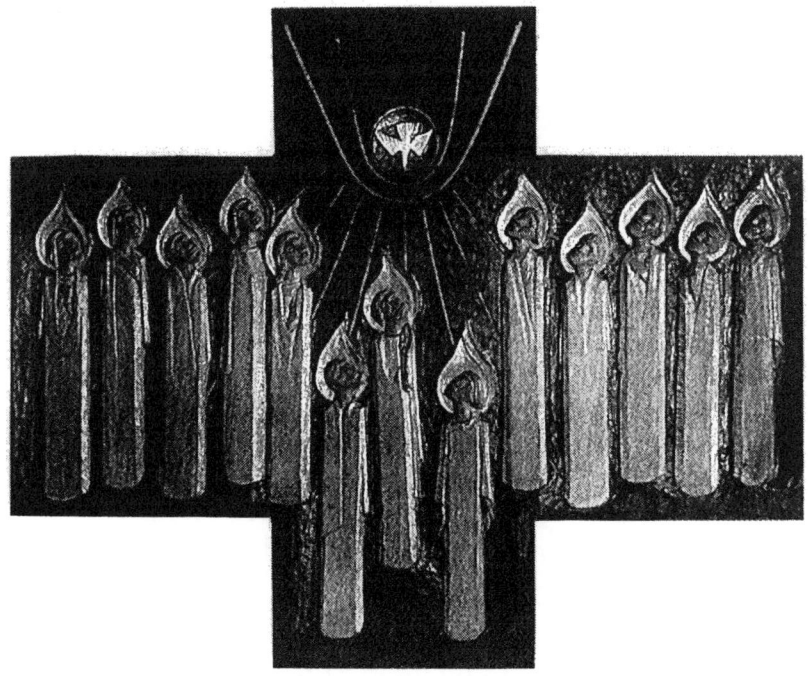

Pfingstkreuz von Karl Hemmeter
In der Kapelle der Evangelischen Missionsschule Unterweissach

238

Wenn du in Richtung Liebe gehst,
so kommt dir Gott entgegen.
Er wartet mit Geduld in dir,
um endlich seinen Arm um dich zu legen,
um dich zu halten bis in Ewigkeit.
Ihr alle, die ihr euch von Jesus Christus retten ließet,
seid nach der Zeit mit ihm in Gott vereint,
umschlungen von dem Band der Liebe.
Die ganze Fülle, die ihr habt mit ihm durchlebt,
sie ist euch „dann" gemeinsam
und keiner, keiner ist mehr einsam.
Der Wunder viele gab es.
Doch dies betrifft euch selber:
Gott schafft sich in euch seinen Leib auf Erden
und holt euch heim zu sich nach eurem Sterben
als seine Kinder und als seine Erben.

239

Oh, Weltenheiland Jesu Christ,
der du unser aller Schöpfer bist.
Mein Leben, das du mir zu Leh`n gegeben,
sei all meine Zeit nur dir geweiht.
Dir will ich fest vertrauen,
auf dich mein Leben bauen.
Du bist der Grund, der ewig steht,
auch wenn dereinst die Erde untergeht.
Du hingst am Kreuze auch für mich,
nahmst meine Sündenschuld auf dich.
Ich war dir so kostbar wie dein eig`nes Leben,
das du auch für mich dort in den Tod gegeben.
Dadurch hast du von allen Sünden mich befreit
und mich erkauft, dass ich dein eigen sei
für Zeit und Ewigkeit.

240

Ich glaube an kein einz`ges Bibelwort,
denn keines ist die Wahrheit, ist Gott selber.
Ich glaub` an Gott, ich glaube und vertraue seinem Wort.
Was Menschen in der Bibel festgehalten, unbelebt,
ist matter Abglanz nur des hellen Lichts,
das auf die finst`re, gottesferne Erde fiel.
Von diesem Licht der Wahrheit des lebend`gen Gottes
ward ich direkt unmittelbar getroffen und ergriffen.
Wenn Jesus sagt: „Ich bin der Weg",
so brauch` ich das nicht mehr zu glauben, denn Jesus ist mein
Weg geworden in Person.
Ich stehe fest auf ihm, er trägt mich sicher.
Ich geh` auf ihm und er führt mich zum Vater hin.
Wenn Jesus sagt: „Ich bin die Wahrheit",
ist das nicht blasse Theorie für mich.
Denn Wahrheit ist er jetzt in mir, die seine ist die meine.
Und wenn er sagt: „Ich bin das Leben",
ist das kein bloßer Glaubenssatz für mich,
denn da er lebt in mir, ist er mein neues Leben jetzt;
von ihm bin ich total besetzt!

241

Ich glaube an Gott den Vater, der durch sein Wort: „Es werde"
erschuf den Himmel wie das ganze Weltall mit Sonne, Mond
und Erde.
Als einz`ger Quell von allem Leben ist er
Auch der Pflanzen, Tiere, Menschen Schöpfer.
Ich glaube an die Offenbarung in seinem Sohne Jesus Christ,
der aller Menschen Heiland und Retter ist.
Er hat am Kreuz von Golgatha vollbracht,
was aus uns Sündern Kinder Gottes macht.
Ich glaube an den Heiligen Geist,
der uns leitet und in aller Wahrheit unterweist.

242

Umfange uns, Herr Jesus Christ
mit deiner Lieb`, die Trost uns ist.
Begleit uns, wenn wir glücklich und zufrieden sind
und steh` uns bei in trüben und in düstern Tagen.
Stärk` uns, wenn wir schwach und wenn wir einsam sind.
Gib Hoffnung uns, dann, wenn wir krank und alt geworden.
Sei unser Halt in Leid und Kummer und in Todesängsten.
Herr,wir wissen, du kennst uns und unsere Not.
Du hast sie selbst am Kreuz für uns durchlitten.
Und da du bis zum Ende unbeirrbar hieltest fest an Gott
durch Schwachheit, Ängste, Folter, Spott bis in den Tod,
hielt Gott dein Vater, in treuer Liebe fest zu dir
und gab nach deinem Tod dir neues, ew`ges Leben.
Das hast du teuer für uns alle miterkauft.
Der Kaufpreis warst du selber.
So kostbar ist ein jeder dir,
so wertvoll, wie dein eig`nes Leben.
Für deine Heilstat uns zugute danken wir von Herzen.
Wir folgen dir durch Freud und Leid
Mit Frohsinn aber auch inTränen und mit Schmerzen.

243

Dankbar nehm ich diesen Tag von dir, oh Herr, entgegen.
Denn du bist ja der Weg, die Wahrheit und das Leben.
Du bist der Weg, lass ihn mich mit dir gehen!
Du bist die Wahrheit, lass sie mich sehen!
Du bist das Leben, lass nur in eins mit dir mich leben!

244

Wir alle danken dir, Herr Jesus Christ,
dass du uns immer treu geblieben bist.
Denn was wir sind und haben, kommt von dir.
Von deiner Gnade leben wir.

245

Oh Gott, du Vater unseres Herren Jesus Christ,
der durch den HeiligenGeist mit dir fest verbunden ist.
Oh Gott, du bist der Geist, der stets bejaht,
wenn sich dir ein Mensch im Namen deines Sohnes naht.
Ein Mensch, der an dich glaubt, dir voll vertraut
und hier und jetzt sein Leben auf dich baut,
von dem Herzenswunsch getrieben dereinst vor dir zu ste`n,
um dich von Angesicht zu Angesicht zu seh`n.
In deinem Reich bleibst du der Vater und wir deine Kinder.
Und keiner, auch nicht einer ist mehr Sünder.

246

Gott lern ich nur durch Jesus richtig kennen
Und darf vertrauensvoll durch ihn, ihn: Abba, nennen.
In Freud und Leid geht er an meiner Seit`.
Mit ihm im Herzen ertrag ich alle Schmerzen
Er ist bei mir auch in der größten Not.
Er begleitet mich bis in den Tod.
Wenn ich dann sterb` in ihn hinein.
Werd` ich für immer bei ihm sein.

247

Jesus meine Freud und Wonne,
du allein bist meines Herzens Sonne.
Du bist das Licht , das mich erfüllt
und alle meine Sehnsucht stillt.
Du bist das Brot, das mich ernährt.
Du bist mein Trost, der ewig währt.

248

Lass mich, Herr, ein Spiegel sein
Für deines Lichtes hellen Schein.

249

Gott spricht zu dir: Ich suche dich, ich hol` dich ab.
Der Zielpunkt deiner Lebensbahn ist nicht das Grab!
Wenn du mir ständig folgst in deinem Leben,
in deinem Denken, deinem Reden,
in deinem Tun und Lieben hier hienieden,
schenk` ich dir jetzt schon meinen Frieden.
Ich schenke dir das neue, ew`ge Leben.
Das kann allein nur ich dir geben.
Ich mach` dein Herz ganz rein
Und lasse dich in meinen Himmel ein,
wenn deine Zeit auf Erden geht zu Ende.
Dann lass dich fall`n, du fällst in meine Hände.

250

Frag` nie warum, frag` stets wozu Gott dir etwas schickt.
Nimm alles dankbar an, was er dir auch immer gibt.
Gott gibt dir alles wie er`s gibt, Weil er dich liebt in aller Still.
Er will dir helfen, so zu werden, wie er dich haben will.
Vertraue Gott. Er ist bei dir auch in der größten Not.
Und fängt dich sicher auf nach deinem Tod.
Dann kehrst du heim zu ihm, von dem du ausgegangen.
Vorbei ist aller Schmerz, sind alle Tränen, Alles Bangen.
Du jubelst im Verein mit deinen Brüdern, deinen Schwestern.
Denn alle Trübsal ist vorbei, war gestern.
Du lebst jetzt neu im ew`gen Heut
Im Angesicht des Vaters, der sich mit dir Freut.

251

Jesus Christus, verus luciferus,
du leuchtend Fackel im Dunkel dieser Erdenzeit
erlöstest uns von allem Leid zu ew`ger Seligkeit.
Dir sei Lobpreis, Anbetung und Dank
Jetzt und bis in alle Ewigkeit.

252

Jesus ich liebe dich, keiner ist wie du.
Anbetend neigt sich mein Herz deinem Herzen zu.
Mein Herr und Gott nimm dies Lied von mir
Und lass mich ein Wohlklang sein vor dir.

(252 ist eine Paraphrase auf einen Text von Lauri Klein:
Ich lieb dich, Herr, keiner ist wie du
Anbetend neigt sich mein Herz dir zu.
Mein König Gott, nimm dies Lied von mir.
Lass mich,Herr; ein Wohlklang sein vor dir).

253

Vor fast zweitausend Jahren sprach Gott sein Wort
durch Jesus Christus zu den Leuten
Einmal gesagt bleibt`s ewig jung und klingt durch alle Zeiten.
Menschen, die es traf ins Herz, halfen Gott es auszubreiten.
Und nun erreicht es dich; jetzt spricht er es zu dir.
Er meint dich wirklich ganz persönlich hier.
Seine Wahrheit soll Wahrheit in dir werden,
die dich entzündet, dich entflammt auf Erden.
Deine innern Augen öffnen sich, die vorher war`n gebunden.
Du hast jetzt deinen Weg zu Gott gefunden.
An seinem Wort kannst du nun mehr und mehr gesunden.
Es mach dich heil, was es dir abverlangt, das tu.
Es schenkt dir Frieden, gibt dir Ruh,
weil Gottes Geist dahinter steht,
der mit ihm durch alle Zeiten weht.
Gott selber ist es der dich suchte, der dich fand
Und sich mit dir für Zeit und Ewigkeit verband.

254

Will Gott dir etwas sagen auf dem Erdenrund,
dann findet er gewiss dafür auch immer eines Menschen Mund

255

Du hast von Gott nur, was schenkend er dir gibt.
Er gab dich dir, nun gib dich ihm zurück,
weil du sein eigen bist, weil du dir nicht gehörst.
Dein Leben gab dir Gott, dass du es lebst für ihn.
Er liebt dich bedingungslos und hofft dass du ihn wiederliebst.
Und weil er dich so liebt, darfst du dich auch selber lieben.
Durch deine Liebe kommt auch die seine an ihr Ziel.
Durch dich liebt er die Menschen, die dir nahe sind,
deine Schwestern, deine Brüder, deine Freunde,
deine Nächsten doch auch deine Feinde.
Du bist berufen, sie zu lieben zu ihm hin,
damit auch sie ihn lieben und er durch sie auch lieben kann
die andern, die du nicht lieben kannst, da sie dir nie begegnen.
Doch Gott will alle lieben, die er auf sich hin geschaffen hat.
Denn seine Kinder sollen alle werden hier auf Erden
Umschlungen von dem starken Band der Liebe.
Gott möchte seinen Arm um alle Menschen legen,
um sie zu halten durch die Zeit bis in alle Ewigkeit.

256

Gott schafft in sich das ganze Universum durch sein Wort.
Wo's auch erscheinen mag, Gott ist schon dort.
Alles, was Energie und Materie heißt,
ist nichts Anderes als kondensierter Geist.
Gott spricht als Schöpfer beständig weiter in die Welt hinein.
Wär' dem nicht so, sie würde nicht mehr sein.
Wo Gottes Geist weht, da ist Freiheit, da ist die Zukunft offen.
So dürfen wir denn alle darauf hoffen,
dass wir an unserm End' zurück zu Gott gelangen,
von dem wir einmal ausgegangen.
Am End' wird Gott wieder alles in allem sein.
Darüber wird die ganze erlöste Welt sich freu'n.

257

Ist dein ständiger Begleiter bis zum Tod
Der dich bedingungslos liebende Gott,
dann stirbst du ja am End in ihn hinein
und nichts kann euch dann mehr entzwei`n.
Ihr beide bleibt verbunden für die Ewigkeit.
Sei gewiss, dass sich Gott darüber freut.

258

Noch eh` ein Wort mir wird zum Ton,
kennst du, mein Gott, es schon.
Drum bist du näher mir, als ich mir selber bin.
Und weiß ich nicht mehr, welch Gebet ich schicke zu dir hin,
trittst du mit deinem Geiste besser für mich ein,
als ich es jemals könnt allein,
denn mein Bewusstsein reicht nicht in mein Unbewusstes hin.
Doch du, Herr, kannst es ins Gebet mit einbezieh`n.

259

Gott, wir wagen zu sagen: Du zu Dir,
obwohl Du uns näher bist als wir.

260

Wer Jesus Christus recht erkennt,
Gott - wie er - seinen Vater nennt.
An Christi Leib sind wir die Glieder
Drum sind wir alle Schwestern, Brüder.

261

In die finst`re Welt brachte Jesus Gottes Licht,
Er spricht zu uns: „Fürchtet euch nicht".
Und die Menschen guten Willens rufen ihm fröhlich zu:
der Ursprung aller Freude bist nur du.

262

Folg` Jesus nach und du wirst leben,
dem Tod bist du nicht mehr anheimgegeben.
Bedenke doch: du gingst hervor aus Gott
und kehrst zurück zu ihm nach deinem Tod.

263

Jesus ruft uns zu auch heute:
durch euch ihr lieben Christenleute,
möchte` ich mit meiner Botschaft ohnegleichen
die, die mir noch ferne steh`n erreichen.
Dazu bedarf`s von eurer Seit` nicht viel.
Mit eurer Nächstenliebe bringt ihr mich ins Ziel.

264

Als Jesus hing am Kreuzesstamm,
nahm Gott aus Lieb` zu uns sein eig`nes Opfer an.
Gott zerriss dadurch des Todes Banden,
dass Freude herrscht in allen Landen.

265

Für uns: Jesus Christ
durch den Tod ins Leben gegangen ist.
Seine Lieb`
ihn dazu trieb.

266

In Jesus Christus erschien Gott selbst auf Erden
und sprach als Mensch zu uns, damit wir ihn versteh`n,
um ihm folgend unser ganzes Leben mit ihm geh`n,
auf dass wir alle hier auf Erden schon Gottes Kinder werden.
Für unsere Sündenschuld starb er am Kreuz von Golgatha
und brachte uns als Auferweckter den Himmel nah.

267

Jesus meine Zuversicht,
Jesus, du verlässt mich nicht.
Auf allen Wegen, die ich gehe,
gehst du in meiner Nähe.
In Freud und Leid,
bleibst du an meiner Seit'.

268

Jesus ist es, der mich liebt
und mir seinen Frieden gibt.
Treu führt er mich durch meine Zeit
und „danach" durch alle Ewigkeit.

269

Jesus Christ
mir Balsam ist
auf alle meine Wunden.
Oh, lass mich, Herr, gesunden.

270

Jesus Christus, dir vertraue ich.
Dein möcht' ich bleiben ewiglich.
Garnichts soll mich von dir trennen.
Das will ich frei und froh bekennen.
Mein Herz gehört ganz dir,
oh komm und leb' mit mir.
Meine Seele preist,
den Vater, den Sohn und den Heiligen Geist.

271

Jesus, im Abendmahl kommst du zu uns in Wein und Brot.
Wir brauchen dich unverzichtbar zum Leben wider den Tod.

272

Jesus sprach am Kreuz: Es ist vollbracht!
Dabei hat er auch an uns gedacht.
Er tilgte stellvertretend unsere Sünden,
auf dass wir in ihm ew'gen Frieden finden.
Wir seh'n an dem, was dort geschah,
der Weg ins Paradies führt über Golgatha.

273

Erwach', klatsch in die Hände,
dass dein Traumschlaf nehm' ein Ende.
Gott will bewusst in dir nun werden.
Sein neues Leben sollst du hier schon erben.
Denn Gottes Wunsch ist's, dass du ihn erkennst
und deinen Nächsten Bruder nennst.
Denn Gottes Wohnung ist er ebenso.
Wenn das ein jeder wüsste, wär' er froh.
Am Weinstock Christus bist du eine Rebe,
drum wachse, blühe, reif' und lebe!
Bis nach dem Leben du dereinst
dich ganz mit dem dreiein'gen Gott vereinst.
Dann wird auch dein Jubelruf erschallen,
denn Gott wird sein endgültig alles in allem.

274

Erfüll' mich Herr mit deiner Lieb',
die uns zugut' ans Kreuz dich trieb.
Erfüll' mich, Herr, mit deinem Licht,
denn and'res hilft mir sicher nicht.
Erfüll' mich, Herr, mit Glauben fest,
der mein Leben lang dich nie verlässt.
Lass mich, Herr, ein transparentes Fenster sein,
durch das dein Licht strahlt in die Welt hinein.

275

Glaubet alle fest daran:
Jesus nimmt die reuigen Sünder an.
Vertraut ihm, wenn er zu euch spricht:
Wer an mich glaubt, der kommt nicht ins Gericht.
Erfüllt wird also euer Hoffen.
Der Himmel steht für jeden offen.

276

Deine Sündenschuld und deine Seelennot
macht dich schon lebendig tot.
Darum lasse dich von Jesu Geist berühren.
Der will dich heim zum Vater führen.
Er begleitet dich mit seinem guten Rat
Und führet dich den rechten Pfad.
Jesus selber ist die Himmelstür.
Oh preise ihn und danke ihm dafür.

277

Wenn nach dem Jüngsten Gericht
für alle Menschen das ew`ge Heut` anbricht,
wenn Zeit wird nicht mehr sein,
zieh`n wir als Gotteskinder in den Himmel ein,
wo wir voll Entzücken
ewig unsern Gott erblicken.

278

Willst du keine Schatten seh`n,
musst du dein Gesicht voll in die Sonne dreh`n.
Bist du in der allergrößten Not,
wendt dich um und schaue fest auf Gott.
Er liebt dich und er hilft dir gern,
wenn du ihm nah bist und nicht fern.

279

Nahst du dich Gott, naht Gott sich dir.
Das brachte ein Apostelschüler zu Papier.
Der ist ein Zeuge, dass das Wahrheit ist,
weil ihm das selber widerfahren ist.
Gott ist der Fels auf dem wir steh`n.
Gott ist der Fels auf dem wir geh`n.
Die auf ihm steh`n, die auf ihm geh`n
können niemals untergeh`n.

280

Erst schau` dir dein gelebtes Leben an
und erkenn`, was Gott für dich getan.
Dann schau` nach vorn und blick` nicht mehr zurück.
Gott segnet dich dein Leben lang in jedem Augenblick.
Und was er dir auch schickt, frag` dich: Wozu?
Denk` immer dran, der Zielpunkt seiner Liebe bist auch du.

281

Herr, du gabst der Welt die Freiheit.
Was möglich ist, das tust du in der Zeit.
Und was gesche`n ist, ist gescheh`n.
Die Zeit ist nicht zurückzudreh`n.
Doch das Erinnern kann verweh`n.
So scheint`s, als wär` das Üble nie gescheh`n.

282

Glaub` nur nicht, die Welt sei auf sich selbst gestellt.
Gott, der sie erschuf, umfängt, erhält und trägt die Welt.

283

Jesus nimmt am Kreuz als Schmerzensmann
voller Liebe alle reuigen Sünder an.

284

Jesus, du gibst mir Liebe, Frieden Ruh.
Quell` all meiner Seligkeit bist nur du.
Auch in finstrer Nacht bist du mein Licht.
Das bleibt für immer meine Zuversicht.

285

Jesus, auf dich hoffe ich allein,
oh lass mich nicht verloren sein.
Dir geb` zur Wohnung ich mein Herz.
Oh, zieh mich zu dir himmelwärts.

286

Jesus starb am Kreuze auch für dich.
Er nahm deine Sündenschuld auf sich,
damit du für immer ihrer völlig ledig bist
und ihm folgen kannst als wahrer Christ.

287

Mit Jesus in meinem Herzen
ertrag ich alle Schmerzen,
bis er hinwegnimmt alle Pein,
dann werd ich froh und glücklich sein

288

Auf meines Herzens Thron
sitzt allein nur Gottes Sohn.
Er ist es, der mir Gnade schenkt
und dadurch mein Leben lenkt.
Gottes Sohn, unser Herr, Jesus Christ
Mein Heiland und mein Retter ist.
Er führet mich durch Leid und Tod
In das Jenseits aller Pein und Not.

289

Gott lebt in dir und du in ihm hier in der Zeit.
Und reißt auch der Tod einst die Verbindung ab,
dann ruft dich Gott heraus aus deinem Grab.
Und du lebst völlig neu mit ihm in seiner Ewigkeit.

290

Denke dran oh Mensch, dass Gott dich liebt.
Nimm dankbar an, was er dir auch immer gibt.
Zur Zeitenwende wurd` er deinesgleichen,
um mit seinem Kreuze deine Sünden auszustreichen.

291

Glaubst du an Jesus, so wird er dich belohnen
und schon hier auf Erden in dir wohnen.
Und musst du einstmals von hier geh`n,
wirst du zu ihm ins ew`ge Leben aufersteh`n.

292

Gibt es Größeres für dich auf Erden
Als Jesu Christi Jünger zu werden?
Nichts Höheres kannst du erreichen,
als ihm dereinst zu gleichen.

293

Die Bibel ist ein Predigtbuch.
Such` in ihr dir einen Spruch,
der Trost und Kraft dir gibt,
da er dir zeigt, wie Gott dich liebt

294

Es lebt kein einz`ger Mensch auf Erden,
ohne von Gott geliebt zu werden.

295

Unser aller Sünde Lohn
ertrug am Kreuze Gottes Sohn.
Durch seine Gnad` allein,
werden wir von allen Sünden rein.

296

Gott wohnt in Kindern
und nicht in Sündern:
„Denn ihrer ist das Himmelreich",
im Wesen sind sie Gott noch gleich.

297

Kommt öffnet eure Herzen
und lasst Gott herein.
In Freude und in Schmerzen
will er immer bei euch sein.

298

Jesus, weil du gabst als Opfer dich,
bin Gottes Eigentum auch ich.
Seine treuen Hände halten mich,
hier zeitlich und dort ewiglich.

299

Wem Jesus ihre Schuld vergeben,
denen gab er neues, ew`ges Leben.
So dass sie dankbar können
ihn ihren Heiland nennen.

300

Wahrhaft glauben heißt lieben
Und lieben heißt dem Nächsten dienen.

301

Du speisest uns, oh Herr, weil du uns liebst.
Drum segne uns und auch, was du uns so reichlich gibst.
Wir lieben und wir loben dich und preisen deinen Namen.
Wir danken dir mit unserm ganzen Leben. Amen.

302

Dank sei dir Herr Jesus Christ,
dass du bei uns erschienen bist.
Du kamst als Mensch auf diese Erde nieder.
So wurden wir dir Schwestern, Brüder.
Dank sei dir Herr Jesus Christ,
dass du für unsere Sündenschuld gestorben bist.
Wir ehren deinen heil`gen Namen.
Wir preisen und wir loben dich mit Amen.

303

Ein Wunder ist gescheh`n: Gott selbst ist Mensch geworden.
Geht und verkündigt das im Osten, Westen, Süden,Norden.
Das Licht des Heils kam auf die finst`re, Erde nieder.
Und zu Weihnachten feiern wir`s in jedem Jahre wieder.

304

Gott unbegrenzt und für uns unsichtbar wohnt überall.
Sichtbar als Mensch ward er uns zu Bethlehem im Stall.
In Jesus kam der Herrgott selber auf die Erde nieder
In ihm können werden alle Menschen Schwestern, Brüder.

305

Einst neigte sich in Bethlehen der Himmel auf die Erde nieder.
Gott ward in Jesus Mensch und in uns wird er`s immer wieder.

Als Jesus Christ geboren ward zu Bethlehem im Stall,
ging über ihm der Himmel auf mit einem hellen Strahl.

IV. Gedichte von Erika Wolffram

306
Immer nur Du!

Erwach` ich des Morgens, so denk` ich an Dich.
Steh` ich dann auf, begleitest Du mich.
Geh` ich ans Tagwerk, bist Du bei mir.
Du bist mir nahe für und für.
Wird`s um mich dunkel, bist Du mein Licht.
Du bist die Sonne, die die Wolken durchbricht.
Alle Tage gibst Du mir Kraft.
Du bist der Balsam, der Heilung mir schafft.
Und wenn ich zur Ruhe des Abends geh`
und im Geist in dein Antlitz seh`,
dann ruh` ich aus unter Deiner Hut.
So spür` ich, wie wohl Deine Nähe mir tut.

Zeichnung: Erika Wolffram

307

Du, Jesus, kamst zu retten uns auf Erden,
auf dass wir nicht dereinst gerichtet werden.
Du hast die ganze Schuld für uns getragen,
drum woll`n wir herzlich Dank Dir sagen.

308

Alles, alles kommt von Dir.
Liebster Jesus, ich danke Dir dafür.
Doch es ist die schönste aller Gnaden,
in meinem Herzen Dich zu haben.
Bleib` bei mir all` meine Zeit
bis zur sel`gen Ewigkeit.

309

Bei Dir, Herr Jesus, hab` Gnade ich gefunden.
Durch sie werd` ich noch ganz gesunden.
Von Herzen dank` ich Dir, oh Jesus mein,
stets sollst Du meines Lebens Lenker sein.

310

Alle meine Sorgen leg` ich getrost in Deine Hände.
Dein liebend Herz tritt für mich ein ohn` Ende.
Ich weiß, Du Herr machst alles wieder gut.
Drum bin ich immer froh und wohlgemut.

311

Nur bei Jesus Christus ganz allein
kannst du wirklich glücklich sein.
Seine Liebe, uns zu dienen alle Zeit,
bahnte uns den Weg zur Ewigkeit.
Halt`nur immer fest an deinem Glauben
und lass deine Hoffnung dir nicht rauben.

312

Es gibt ein Licht, das heller strahlt als 1000 Kerzen.
Bei Tag und Nacht scheint es in müde Herzen.
Es ist das Licht von unserm Herren Jesus Christ,
der selbst des hellen Lichtes Fülle ist.

313

Für immer ging ein lieber Mensch von deiner Seit`
und trauervoll bist du betrübt in tiefem Leid.
Sehnsüchtig schaust du auf ihn zurück
und getrübt von Tränen ist dein Blick.
Nur noch Dunkel siehst du und kein Licht.
Du hörst, die Zeit heilt alle Wunden. Sie tut es nicht!
Jedoch sei unverzagt. Da ist ein tröstend Herz,
das liebend dich versteht in deinem Schmerz,
das wirklich immer für dich schlägt
und deine Not mit dir gemeinsam trägt.
Schau voll Vertrauen auf zu Jesus Christ,
der am Kreuze auch für dich gestorben ist.
Er kennt wahrhaftig deine große Pein
und will dir stets ein treuer Helfer sein.
Er will dir Kraft und Hoffnung geben,
reicht dir die Hand zu einem neuen Leben.
Als deine Stütze trocknet er dir alle deine Tränen
und verspricht Erfüllung deinem Sehnen.
Als dein Bruder auch im tiefsten Leide,
bleibt Jesus Grund für eine neue Freude.

314

Jesus, Du gibst mir Freude ohne Maßen.
Von Dir, mein Herr, will ich nicht lassen.
Du bist`s der meine tiefe Sehnsucht stillt
und mir mein Herz mit Dank erfüllt.

315

Jesus gibt mir Freude, schenkt mir seine Gaben.
Ich kann es wirklich garnicht besser haben.
Täglich dank` ich`s ihm von Herzens Grund
Er macht mir Körper, Geist und Seel` gesund.

316

Jesus, Du bist das Haupt, wir Deine Glieder,
von Dir wir Kraft bekommen immer wieder.
Wir dienen Dir und Du gehst mit uns mit.
Voller Liebe lenkst Du unsern Schritt.

317

Nicht nur im Himmel find`st du Jesus Christ,
auch in deinem Herzen Seine Wohnung ist.
Und darum bist du nimmermehr allein,
denn Er wird immer bei dir sein.

318

Wähle Jesus und sein Licht.
Alles Andere hilft dir nicht.
Sein zu sein in Freud und Leid,
das ist wahre Seligkeit.

319

Nah` dich Jesus im Gebet,
auf dass er immer mit dir geht.
Er möchte sein dein guter Hirt,
der dich stets behüten wird.

320

Jesus vergibt uns unsere Schuld, wenn wir ihn darum bitten,
denn dafür hat er ja am Kreuz von Golgatha gelitten.

321

Jesu Liebe ist so unermesslich groß.
Sie führt uns in des Vaters Schoß.

322

In schweren und in guten Tagen
kann ich dem Heiland alles sagen.
Alles, was mich sorgt und quält,
leg` ich getrost in seine Hände.
Sein liebend Herz sorgt für mich ohne Ende.
Drum bin ich still und habe Mut.
Ich bin gewiss, der Herr macht alles gut.

323

Ich ruhe still in Dir mein treuer, guter Hirt`.
Bei Dir mir niemals etwas mangeln wird.
In Dein Erbarmen hüll` mich ein.
Von Dir getrennt möcht` ich nie sein.

324

Durch die Zeiten spüre ich sein Nahesein.
Davon möcht` ich künden in alle Welt hinein.

325

Weißt du denn als wahrer Christ,
was deine Pflicht auf Erden ist?
Verkünde Christus als den Herrn der Welt,
dem kein anderer ist gleichgestellt.

326

Jesus ist wahrhaftig auferstanden.
Seine Jünger haben ihn geseh`n.
Die Kunde verbreitete sich in allen Landen,
so werden wir mit ihm auch aufersteh`n.

327

Herr, Du hast mich gefunden
und mich mit Dir verbunden.
Ich dank` Dir in der Zeit
bis in alle Ewigkeit.

328

Warum irrst du in der Welt so ruhelos umher?
Spürst du nicht, dass Jesus ist ganz nah bei dir?
Er will dich führ`n an seiner starken Hand
liebevoll und sicher durch das ird`sche Land.

329

Die Worte sind es nicht allein. Es ist der Geist,
der uns den Weg zu Jesus Christus weist.

330

Herr, Du bist ein strahlend Licht,
das die Dunkelheit durchbricht.
Voller Freude jauchze ich Dir zu.
Du gibst mir Frieden, gibst mir Ruh.

331

Herr, ich liebe Dich von Herzen,
wenn es mir gut geht und in Schmerzen.
Mein Heiland, Du bist immer da.
Ich fühle, stets bist Du mir nah.

332

Herr Jesus, Du bist mein
und ich darf Dein eigen sein.
Bin ich in Not und in tiefem Schmerz,
drückst Du mich voller Liebe an Dein Herz.

333

Nur mit Jesus kannst du wahrhaft glücklich sein;
denn große Freude zieht dann in dich ein.
Und wenn du Ihm dein Herz gegeben,
wirst du für immer mit ihm leben.

334

Mein Leben liegt ganz in Gottes Hand.
Soviel Geborgenheit ich nirgends fand.
Er öffnet mir die Himmelstür.
Zukunft und Leben ist er mir.

335

Oh, wie herrlich kann ich ruh`n,
still in Jesu Christi Liebesarmen.
Er wird stets alles für mich tun,
da sein Herz ist voll Erbarmen.

336

In Freuden will ich Dir lobsingen.
Dank sei Dir in allen Dingen.
Oh Heiland bleibe stets bei mir;
geborgen bin ich nur in Dir.

337

Oh Jesus, Du meine Wonne,
Du bist meines Lebens Sonne.
Durch Deine Gnad` und Liebe,
dringt in mich tiefer Friede.

338

Herr, ich nehme dankbar an,
was Du hast für mich getan.

339

Wen da dürstet, der komme zu mir,
glaube, das spricht Jesus auch zu dir.
Geh` zu ihm mit deinen Schmerzen.
Du findest Ruh` an seinem Herzen.

340

Komm zum Herrn, oh komm noch heut`.
Mit ihm zu leben ist die reinste Freud`.
Er ist der Fels, der ganz sicher nie zerbricht.
Du findest Halt bei Ihm und wankest nicht.

341

Lieber Jesus mein, an Deiner Hand
Halt und Stärkung ich immer fand.
Ja, glücklich ist, wer Dir vertraut
und seine Hoffnung auf Dich baut.

342

Mit Freuden will ich Dir lobsingen.
Gedankt sei Dir in allen Dingen.
Oh Heiland bleibe stets bei mir.
Lass mich geborgen sein in Dir.

343

Durch Trübsal hier,
einst ganz bei Dir.
Durch Not und Leid
zur höchsten Freud`.

344

Und musst du einst von dannen geh`n,
geht Er mit dir, du wirst es seh`n.

345

Du bist es, der mich innig liebt.
Du nur bist es, der mir alles gibt.
Ich kann es kaum in Worte fassen.
Nimmer wirst Du mich verlassen.

346

Du bist mir Licht und Trost und Friede.
Geborgen bin ich ganz in Deiner Liebe.
Sie hat so glücklich mich gemacht.
Im Herzen spür` ich sie bei Tag und Nacht.

347

Bin ich schlaflos bei Nacht und Unruhe ist in mir,
dann sehnt sich mein wehes Herz nach Dir.
In Deine Ruhe hüll` mich ganz ein.
Für immer möcht` ich in Dir geborgen sein.

348

Dir, Jesus, möcht` Ich`s sagen
und allen Menschen zugleich:
Du machst mich an allen Tagen
unendlich froh und reich.

349

Ins Buch des Lebens sind geschrieben
all` die Menschen, die Dich lieben.
Du behütest sie und erhörst ihr Fleh`n
und Du wirst immer mit ihnen geh`n.

350

Entscheide dich noch heut` für Jesus Christ.
Seine Hand immer für dich offen ist.

351

Wenn Gottes Friede dich erfasst,
spürst du es tief in deinem Herzen.
Vorüber ist Unruhe, Furcht und Hast,
vorbei sind Ängste und Schmerzen.

352

Du bist mein Herr und Bruder Jesus Christ.
Auf Erden mir nichts sonst lieber ist.
Mein Herz ist voller Dankbarkeit.
Dich will ich loben in Zeit und Ewigkeit.

353

Ich brauche dringend Kraft vom Herrn.
Und bitt` ich ihn, so gibt er sie mir gern.
In seine Hände leg` ich das Leben mein.
Er wird mich leiten und stets bei mir sein.

354

Der lebt in einem Wunderland,
der Jesu Liebe hat für sich erkannt.
Zu wem Er zog ins Herz hinein,
der wird Ihm immer dankbar sein.

355

Du bist das Licht in meiner Dunkelheit.
Von meiner Trübsal hast Du mich befreit.
Keiner kann so trösten wie Du.
Du deckst alle meine Leiden zu.
Aufatmend kann ich Dir sagen,
meine Schuld hast Du getragen.
Stets hieltest Du Deine Hände über mir.
Geliebter Herr, ich danke Dir dafür.

356

Herr Jesus, Du kamst, um uns zu dienen
aus Deiner hohen Herrlichkeit herab.
Bist arm und niedrig uns erschienen
als ein Mensch, der sich für alle gab.

357

Du hast vielen geholfen in der Not.
Gabst Dich im Wein, gabst Dich im Brot.
Du hast getröstet, hast geheilt
Einen jeden, der zu Dir geeilt.

358

Unter Schutz und Schirm meines Herrn
geh` ich und ruhe von Herzen gern.
Bei ihm bin ich voller Zuversicht
und fürchte Not und Unheil nicht.

359

Jesus kannst du vertrauen,
dein Leben auf ihn bauen
Er lässt dich nie allein
und wird dein Führer sein.

360

Fällt mir oftmals auch das Leben schwer,
erfahr ich Trost und Kraft von Jesus her.
Er geht mit mir auf allen meinen Wegen
und er begleitet mich mit seinem Segen.

361

Wenn wir Jesus bitten, kommt er dann.
Er alleine ist`s, der wirklich helfen kann.

362

Oh, wunderbar sind alle Gaben,
die der Herr dir gibt aus Gnaden.
Er hat dein Leben in seiner Hand.
Drum bleibe ihm stets zugewandt.

363

Dich preise ich mein Heiland und mein Herr.
Ich lobsinge Dir und gebe Dir die Ehr`.
Für Deine übergroße Liebestat,
die alle uns errettet hat.

364

Sind wir auch schwach, an Kräften arm,
so stärkt uns doch Dein starker Arm.

365

Zu meinem Wohl war alles, wie Du es gefügt.
Ich weiß, es geschah aus Liebe und das genügt.

366

Kennst du einen Freund, der immer bei dir ist?
Kennst du einen Freund, der niemals dich vergisst?
Kennst du einen Freund, der fortnimmt all dein Leid?
Kennst du einen Freund, der Halt dir gibt zu jeder Zeit?
Kennst du einen Freund, der dich in Schwachheit trägt?
Kennst du einen Freund, der segnend die Hände auf dich legt?
Kennst du einen Freund, der fortnimmt Krankheit und Not?
Kennst du einen Freund, der für dich besiegt hat den Tod?
Kennst du einen Freund, der jubelnde Freude dir schenkt?
Kennst du einen Freund, der dich in die Ewigkeit lenkt?

Wer mag das sein?   Es ist nur Jesus Christus allein!

Zeichnung: Erika Wolffram

Trostworte

Erscheinen meines Gottes Wege
mir seltsam, rätselhaft und schwer,
und gehen die Wünsche, die ich hege,
still unter in der Sorgen Meer.
Will trüb und schwer der Tag verrinnen,
der mir nur Schmerz und Qual gebracht,
dann darf ich mich auf eins besinnen;
dass Gott nie einen Fehler macht.

Wenn über ungelösten Fragen
mein Herz verzweiflungsvoll erbebt;
an Gottes Liebe will verzagen,
weil sich der Unverstand erhebt.
Dann darf ich all mein Sehnen
in Gottes Hände legen,
sacht und leise sprechen unter Tränen;
dass Gott nie einen Fehler macht.

Drum still, mein Herz, und lass vergehen,
was irdisch und vergänglich heißt.
Im Lichte droben wirst du sehen,
dass gut die Wege, die er weist.
Und müsstest du dein Liebstes missen,
ja, gings durch kalte, finstre Nacht:
Halt fest an diesem starken Wissen;
dass Gott nie einen Fehler macht.

H. Sack (1902-1943)
Gedichtet in Stalingrad.

Lieferbar ist:

Horst Gädtke

Wachsende Nähe der Naturwissenschaften an den christlichen Glauben

Dargestellt am Beispiel der Physik

Die in diesem Buch zusammengestellten Texte sind überarbeitete Wiedergaben von Vorträgen des Autors unter dem Generalthema: „Glauben aus meiner Sicht".

Die dargelegten Gedanken möchte er als Diskussionsanregung verstanden wissen, sich mit christlichen Glaubensaussagen zu Beginn des 3. Jahrtausends nach Christi Geburt etwas näher auseinander zu setzen.

In dem Hauptvortrag, dem Namensgeber des Buches:"Wachsende Nähe der Naturwissenschaften an den christlichen Glauben. Dargestellt am Beispiel der Physik", ging es dem Autor vor allem darum, etwaigen Hinderungsgründen für den christlichen Glauben, die ihm, wie er meint, irrtümlicherweise aus naturwissenschaftlichen Erkenntnissen zu erwachsen scheinen, entgegen zu treten.

Es geht dem Autor keineswegs darum, etwa die Existenz Gottes beweisen zu wollen. Er weiß, dass diese sich physikalisch weder beweisen noch widerlegen lässt.

ISBN 3 - 8311 - 4445 - 1

In Planung sind die folgenden Buchprojekte, für die die Manuskripte schon weitgehend abgeschlossen vorliegen und nur noch einer abschließenden Überarbeitung bedürfen:

Von Erika Wolffram:

1. Im Reim soll Gott gepriesen sein
   Gedichte zum Lobe Gottes
   ISBN 3-8330-0109-7

2. Leben im Vertrauen
   Wie ich das 20. Jahrhundert mit meiner Großfamilie durchlebte

Von Horst Gädtke:

1. Zeit, Tod und Ewigkeit

2. Gott sucht dich – lass dich von ihm finden
   Der Weg zum wahren Leben

3. Mit Gott reden! – Oder wie beten?

4. Mit Gott leben!
   Gedanken zur Bergpredigt Jesu